AUX ÉLECTEURS.

Prix 50 centimes.

PARIS, IMPRIMERIE DE POUSSIELGUE-RUSAND,
rue de Sèvres, n. 2.

AUX
ÉLECTEURS.

Par M. R. de Cabueil.

À PARIS,

A LA LIBRAIRIE DE RUSAND ET CIE,
rue du Pot-de-Fer Saint-Sulpice, n. 8,
ET CHEZ TOUS LES MARCHANDS DE NOUVEAUTÉS.

1830.

AUX

ÉLECTEURS.

Electeurs, avant de vous parler du choix d'un député, il est bon d'examiner l'état actuel de la société, la monarchie qui la régit depuis 1814, et les divers gouvernemens que des ambitieux cherchent à substituer au gouvernement légitime. Electeurs, n'allez point exiger que je vous tienne le langage de l'éloquence, qui trop souvent sert à dénaturer les questions : je veux vous tenir celui de la vérité, qui, réduisant toutes choses à leurs simples expressions, est ordinairement plus goûté.

On ne peut pas nier, vous en conviendrez, que la France n'ait été très heureuse depuis la seconde restauration, surtout si, observateur impartial, l'on compare le bien-être qu'elle a ressenti dès cette époque et sans interruption jusqu'à ce jour, avec le malaise qu'elle n'avait point cessé d'éprouver de 1789 au 30 mars 1814. Ses manufactures aujourd'hui nombreuses et presque nulles au temps de l'anarchie et du despotisme, sont en pleine activité, et la concurrence perfectionne des produits qui, par modération du prix autant que par la supériorité des matières premières et le fini du travail, ne le cèdent plus aux marchandises de l'étranger; son commerce est florissant, bien que l'on dise et que l'on fasse pour faire croire à un discrédit que nul ne saurait admettre, quand chacun est à même de se convaincre que la gêne de quelques marchands vient de ce que leur nombre n'est pas toujours proportionné aux besoins de la population; son agriculture a répandu sur tous les points du pays une douce aisance au sein d'une classe longtemps malheureuse par le manque de bras, et aussi par le taux excessif de l'intérêt; ses fonds publics, dont l'immense prospérité est due à M. de Villèle, marchent de pair avec ceux de la Grande-Bretagne, après avoir été pour l'Angleterre et les autres puissances un objet de mépris sous la république et l'empire. Que peut désirer encore une nation, quand, presque toujours victorieuse,[1] elle est appelée à compulser sa glorieuse histoire dans les annales des peuples ses rivaux; quand elle jouit avec la Charte d'une liberté sagement combinée, et qu'elle est gouvernée par des princes dont les hommes sans partialité admirent la sagesse, et dont les malheureux publient les nombreux bienfaits? Car, n'en déplaise aux républicains et aux impérialistes, un peuple ne saurait trouver la prospérité dans les agitations continuelles qui paralysent l'industrie, ni dans les divisions intestines qui anéantissent les combinaisons, ni dans les guerres meurtrières et sans fin qui détruisent sa laborieuse jeunesse et obèrent ses finances.

Electeurs, cet état prospère de la France, car il y a prospérité, et vous en êtes tous les jours témoins, est dû à la monarchie légitime, qui a cicatrisé les plaies de la société et fermé l'abîme des révolutions. J'examinerai cette monarchie, non pas telle qu'elle était avant 1789, légitime par plus de huit cents ans de durée, indispensable par son influence bénigne sur le peuple : *ceci ne*

[1] Je n'entends point du tout exclure de la gloire française les victoires de la république et les hauts faits de l'empire, auxquels les Bourbons eux-mêmes ont souvent rendu témoignage.

peut lui être contesté;[1] mais telle qu'il a plu à l'immortel auteur de la Charte de la réédifier en 1814. Bien que chacun la commente, lui accorde ou lui retire, selon son caprice ou ses intérêts, cette monarchie consacrée par d'impérissables souvenirs de gloire et de bonheur, n'en demeure pas moins *immuable pour tous*. Jai dit immuable pour tous, et je le répète : sans quoi chaque jour amènerait une nouvelle anarchie, qui s'appellerait d'abord coups d'état, et tantôt gouvernement provisoire, tantôt république, tantôt empire.

Electeurs, cette monarchie, dont les bases impérissables sont appuyées sur huit siècles de vertus et de gloire, est protégée par la Charte, son chef-d'œuvre de débonnaireté et de sagesse, qui, ayant établi deux Chambres, celle des pairs et celle des députés, les coordonne ainsi avec la royauté : *Toute puissance régnante et gouvernante au Roi; aux deux Chambres toute puissance coopérante aux lois*. Ces deux propositions sont claires et faciles à saisir : cependant je vais les expliquer, la loi fondamentale à la main..... La Charte déclare

[1] Je répète là ce que j'ai dit dans ma précédente brochure (*le Présent, le Passé et l'Avenir*) sans qu'il soit nécessaire de rappeler les règnes de Louis IX, de Philippe-le-Bel, de Charles V, de Charles VII, de Louis XII, de Henri IV, de Louis XIV, durant lesquels le peuple fut heureux et la gloire nationale éblouissante.

la personne du Roi inviolable [1] et sacrée ; elle l'établit le chef suprême [2] de l'Etat, et ceci constitue bien la toute-*puissance régnante*. La Charte attribue au Roi seul le pouvoir exécutif : il commande les forces de terre et de mer; il déclare la guerre; il fait les traités de paix, d'alliance et de commerce; il choisit ses ministres; il nomme à tous les emplois d'administration publique; il fait les réglemens et ordonnances pour l'exécution des lois et la sûreté de l'Etat. Toute [3] justice émane du Roi. Elle s'administre en son nom par des juges, qu'il nomme et qu'il institue. Il propose la loi; il la sanctionne et la promulgue. Il n'en faut pas davantage, ce me semble, pour constituer sa toute-*puissance gouvernante* dans laquelle se trouve confondue la toute-puissance coopérante aux lois. Selon la Charte, la royauté n'est donc plus un instrument passif des deux autres pouvoirs : elle en est au contraire la vie. Elle les réunit et les proroge à son gré ; elle modifie l'esprit de la haute Chambre par l'institution de nouveaux Pairs, quand elle le croit utile aux intérêts du pays; et si la Chambre des Députés devient turbulente, si elle a soif du pouvoir, la

[1] Article XIII.
[2] Article XIV.
[3] Article LVII.

royauté la dissout. La chambre dissoute, on ne peut en rester là; car la volonté du monarque, de concert avec la Charte, s'y oppose formellement. En même temps que la Charte assure d'une manière incontestable les droits de la couronne, elle veut que l'on respecte les franchises du peuple. Elle a établi trois pouvoirs, dont aucun ne disparaîtra devant les deux autres, dont deux ne pourront disparaître devant un, sans que la Charte violée dans ses principes ne soit anéantie.

Vous avez vu, Electeurs, que le Roi a le droit de choisir ses ministres : deux grandes autorités vont vous convaincre que les deux cent vingt-un n'avaient pas le droit de les lui arracher. «Une adresse qui déclare les mi-« nistres indignes de la confiance publique (c'est « M. Benjamin-Constant qui parle) n'est qu'un « cri de vengeance. Aucun tribunal n'existe « pour prononcer sur la déclaration dont il « s'agit. Cette déclaration est un acte d'hosti-« lité, sans résultat fixe et nécessaire. Cette dé-« claration est en troisième lieu une atteinte « directe à la prérogative royale; elle dispute « au prince la liberté de ses choix : quand « vous accusez les ministres ce sont eux seuls « que vous attaquez; mais quand vous les « déclarez indignes de la confiance publique

« le prince est inculpé ou dans ses intentions ou dans ses lumières, ce qui ne doit jamais arriver dans un gouvernement constitutionnel.

« L'essence de la royauté dans une monarchie représentative, c'est l'indépendance des nominations qui lui sont attribuées : il faut donc lui laisser cette prérogative intacte et respectée. Il ne faut jamais contester le droit de choisir; il ne faut pas que les assemblées s'arrogent le droit d'exclure, droit qui, exercé obstinément, implique à la fin celui de nommer.

« On ne m'accusera pas, je pense, d'être trop favorable à l'autorité absolue; mais je veux que la royauté soit investie de toute la force, entourée de toute la vénération qui lui sont nécessaires pour le salut du peuple et la dignité du trône.

« La déclaration que l'on propose deviendra ou une formule sans conséquence ou une arme entre les mains des factions. » [1]

« Le jour où le gouvernement n'existera que par la majorité de la chambre (M. Royer-Collard); le jour où il sera établi en fait que

[1] M. Benjamin-Constant, *Principes de politique applicables à tous les gouvernans, et particulièrement à la Charte de* 1814. A Paris, chez Eymery, rue Mazarine, n. 32.

« la chambre peut repousser les ministres du « Roi, et lui en imposer d'autres, qui seront « ses propres ministres, et non les ministres « du Roi, ce jour-là c'en est fait, non seule-« ment de la charte mais de notre royauté, de « cette royauté indépendante qui a protégé nos « pères, et de laquelle seule la France a reçu « tout ce qu'elle a jamais eu de liberté et de « bonheur... ce jour-là nous sommes en ré-« publique. »

Electeurs, j'ai dit que les deux Chambres ont toute *puissance coopérante aux lois* : or la Charte va expliquer cette seconde proposition, comme elle a expliqué la première... « La puis-« sance [1] législative s'exerce collectivement par « le Roi, la Chambre des Pairs et la Chambre « des députés. [2] Toute loi doit être discutée et « votée librement par la majorité de chacune « des deux Chambres. » Ces deux articles de la Charte établissent la toute-puissance des deux chambres. Elles peuvent donc, allez-vous me dire, accepter les lois proposées ou les refuser, en demeurant toutefois responsables vis à vis de l'opinion de l'abus qu'elles auraient fait de leur droit, soit en acceptant des lois in-

[1] Article XV.
[2] Article XVIII.

tempestives, soit en refusant des lois nécessaires au bien-être du pays et à sa tranquillité. C'est du moins ce qui paraît ressortir des deux articles que je viens de citer. Cependant il faut se hâter de le proclamer, il est une loi de nécessité qu'elles n'ont pas le pouvoir de refuser, c'est la loi de l'impôt, qu'elles sont seulement appelées à examiner avec une scrupuleuse attention, à censurer, s'il y a lieu, quant à l'exercice passé, à modifier, s'il y a lieu aussi, quant au futur exercice, sans chercher à ravir à la Charte ce qu'elle exige impérieusement, une monarchie forte et honorable, une administration sagement combinée et sans lésine. J'ai dit dans ma précédente brochure que l'économie raisonnée fait prospérer les Etats, tandis que la mesquinerie les rend vils aux yeux des peuples et méprisés chez les nations voisines. Je dis de plus qu'aujourd'hui une monarchie faible serait un véritable fléau pour la France, qui, sans respect au dehors, deviendrait encore languissante par de continuelles secousses au dedans.

Electeurs, l'exception que j'ai faite est l'esprit de la Charte tout entier. Or voici comment :

La Charte accorde, article VII, des traitemens aux ministres de la religion catholique, apostolique et romaine, et des autres cultes catholiques : il faut de l'argent pour payer ces traitemens ; or il faut voter des impôts.

La Charte, article XIV, veut que le Roi commande les forces de terre et de mer, qu'il déclare la guerre, qu'il nomme à tous les emplois d'administration publique : sans argent on ne peut avoir ni armée de terre ni marine ; on ne peut non plus faire la guerre ; il faut encore de l'argent pour constituer une administration ; or il faut voter des impôts.

La Charte, article XXIII, dit que la liste civile est fixée pour toute la durée du règne : il faut de l'argent pour payer la liste civile ; or il faut voter des impôts.

La Charte, article LXIX, assure les pensions des militaires et de leurs veuves : il faut de l'argent ponr payer ces pensions ; or il faut voter des impôts.

La Charte, article LXX, garantit la dette publique : il faut de l'argent pour payer les rentiers ; or il faut voter des impôts. Sans impôts la société est dissoute de fait ; car il n'y a plus d'électeurs, plus de députés, plus de marine, plus d'armée, plus d'administration, plus de rentiers, en un mot plus de charte. Et voilà encore une fois la monarchie livrée aux mains destructives des factieux ou forcée de s'exiler.

Électeurs, celui-là qui prétend avoir le droit de refuser le budget, quand la Charte statue impérieusement le contraire, se déclare factieux devant la nation, et il semble lui dire : *La prospérité et la paix dont tu jouis nous importunent, parce qu'elles ne nous sont point profitables. Nous allons renverser ton gouvernement en le forçant à méconnaître des droits sacrés, le paiement de la dette publique. Alors tu seras malheureuse : mais que nous importe, si ton malheur doit nous conduire à la fortune et au faîte des grandeurs!* Deux avocats, dont un célèbre, ne s'arrêtent point là : *On peut même refuser de payer l'impôt voté.* Ceux qui parlent sans plus de détours apprennent à tous leur secret, et malheur à ceux des Électeurs qui ne l'auront pas compris! Ils travailleront avec les meilleures intentions du monde à la ruine de la nation, bien digne d'un autre sort! Car assez et trop long-temps elle a été fatiguée de discordes civiles; assez et trop long-temps aussi elle s'est vue le jouet de coupables et de chimériques ambitions. Loin de chercher à enlever le peuple à la monarchie, et la royauté au peuple qui ne sera jamais heureux que par elle et avec elle, car il en a fait l'expérience, un député doit être conciliateur avant tout. S'il est appelé à entretenir le monarque des besoins du peuple, à traiter ses intérêts avec la royauté et la Chambre des Pairs, à solliciter des faveurs partielles des ministres pour quelques-uns de ses commettans, ou de la monarchie des faveurs générales, comme la loi départementale, si nécessaire au repos et à la bonne administration des communes, il faut aussi que, dans de certaines occasions, il ait le courage de faire entendre au peuple que telles choses lui deviendraient funestes, si le Gouvernement était assez faible pour les concéder. Là finit la vertu où commence l'excès, a dit un orateur sacré du dernier siècle; là finit aussi la liberté où s'annonce la licence.

Quel gouvernement veut-on substituer à cette monarchie si modérée et si sage? Une république! lorsque le souvenir de l'ancienne fait encore frissonner d'horreur. *Citoyens, les années ont blanchi vos cheveux et ridé vos fronts sans avoir rien ajouté au peu d'expérience de la jeunesse. Tant de factions qui se sont dévorées et à la destruction desquelles vous avez échappé comme par miracle, n'ont-elles laissé aucune impression salutaire dans vos âmes? et le sang qui a coulé à grands flots n'a t-il gravé aucune émotion durable dans vos cœurs?* Barbares, après avoir vidé la coupe des crimes que vous aviez remplie dans l'âge viril, vous demandez dans la décrépitude à la jeunesse sans expérience qu'elle remplisse cette coupe, parce que vos mains défaillantes ne sauraient plus désormais que saluer de nouveaux forfaits.... La jeunesse, Dieu merci, se rit de l'impuissance de cette horde révolutionnaire que l'histoire lui a démasquée et que ses bons sentimens lui apprennent à mépriser. La jeunesse veut la Charte et rien de plus.

On cherche aussi à substituer un autre gouvernement à la monarchie : c'est un nouvel empire. *Mais, valets de la tyrannie, qui vous baissiez servilement devant un usurpateur, après avoir tenu pour la plupart le langage altier du républicain, vous vous souvenez avec complaisance de la dorure de vos chaînes, tandis que nous nous rappelons les jours de l'esclavage pour les maudire, parce qu'ils ont coûté à la France plus de vingt milliards et sa brillante et valeureuse jeunesse.* Alors le trésor public était dilapidé pour entretenir des guerres commencées sans motifs, ou enrichir des favoris insatiables et les petits despotes des départemens, beaucoup plus tracassiers que leur maître;

la rente était mal payée et l'impôt porté à son comble.

Electeurs, parmi les factieux il y a quelques soupirans pour une nouvelle dynastie qui, ramenant les choses à 1789, déchaînerait les ambitions, ferait fermenter les passions et ouvrirait l'abîme des révolutions que la légitimité a fermé. Une fois le principe de cette légitimité détruit, le gouvernement d'hier va disparaître devant la faction d'aujourd'hui. Non moins éphémère que celui qui aura précédé, ce nouveau fantôme de gouvernement s'anéantira devant une nouvelle faction. Mais ne l'oubliez pas, Electeurs : un Gouvernement sans légitimité n'est autre chose que la fureur de la faction victorieuse ou le caprice de l'homme le plus adroit. Alors nouvelles guerres au dehors, nouvelles guerres au dedans, nouvelles proscriptions, nouveaux massacres, nouveaux échafauds, nouveaux cachots, nouvelles réquisitions, nouveaux assignats, nouvelles banqueroutes et nouvelles conscriptions. Comme au temps des dissensions romaines, chaque province aura son chef, et l'histoire étonnée cherchera vainement un roi parmi trente tyrans. Il manque un héros à ces factieux, un homme assez résigné pour apporter sa tête à couronner, et son sein à poignarder dès qu'il chercherait à secouer le joug honteux de ceux qui l'auraient élevé sur le pavois.

Electeurs, vous venez de le voir, les factieux qui agitent la France se composent pour la plupart de republicains et d'impérialistes. Mais ne vous y trompez pas, leur nombre *est tout petit;* il se réduit à quelques rédacteurs obscurs de journaux, à quelques orateurs déconsidérés de tribune ou de palais, à une poignée de brouillons épars dans Paris et les départemens. Pour les hommes à la Stuart, à peine en trouverez-vous dix. Les républicains se servent de leurs alliés pour abattre la monarchie, après quoi ils s'en débarrasseront pour être seuls maîtres. C'est ainsi qu'ils ont agi avec les royalistes après 1789, et rien n'annonce qu'ils se soient corrigés. Le fond de leur caractère, c'est la férocité mise en œuvre par l'orgueil et la rapacité. Leur orgueil leur disait qu'eux seuls étaient capables de gouverner : il leur tient encore ce langage. Leur avidité les pousse sans cesse sur le trésor public et les fortunes particulières qu'ils ont assez long-temps exploités à leur profit. Comparez, Électeurs, l'état financier de ces Aristides modernes, avant les jours de sanglante mémoire, avec les volumineux inventaires faits au décès de ces *pauvres gens*, et vous serez convaincus que la vertu dominante de vos républicains n'a jamais été le désintéressement. Additionnez aussi les budgets de la république ; à leur total ajoutez la réduction des deux tiers, banqueroute s'il en fut jamais, l'évaluation en argent des réquisitions faites en nature, le produit de la vente des biens de la couronne, du clergé et des émigrés, le montant des emprunts forcés, et vous saurez alors ce que coûte le Gouvernement à bon marché dont ils vous entretiennent sans cesse. Les impérialistes sont plus accommodans et moins fourbes : ils ne voilent pas leur fortune, ils n'en cachent point la source; et si ceux-là triomphaient, loin de sacrifier leurs alliés, ils se chargeraient de les nourrir comme des bêtes féroces dans les cachots de la Force et de Vincennes.

Electeurs, il ne faut pas que la détermination prise par une poignée de factieux de *vaincre ou de périr,* vous afflige, car leurs desseins impuissans comme les rêves ne sauraient avoir d'accomplissement : il faut au contraire redoubler de zèle et d'activité pour éloigner de votre pays l'orage qui le menace, et surtout vous tenir en garde contre ces discours calomnieux, ces paroles insidieuses, ces flatteries et ces promesses trompeuses qui, divisant les phalanges pour le jour du combat assureraient à l'avance la victoire aux ennemis du repos public. Je dois vous faire observer, Electeurs, que la prorogation qui présageait à tous une prochaine dissolution a été vivement applaudie dans les départemens et à Paris où les fonds publics en baisse par la fâcheuse impression de l'inconvenante adresse ont tout aussitôt pris une grande faveur. Et l'on ne dira pas que cette hausse est due aux manœuvres d'un ministère moins entreprenant que stationnaire; car il est à remarquer que semblable effet a été produit chaque fois que des nouvelles *consolidatrices* de la monarchie ont circulé à la Bourse; ainsi les fonds ont été continuellement à la hausse pendant l'absence des chambres, malgré les criailleries factieuses de la presse périodique contre le ministère du 8 août; décrédités lorsque des membres de la Chambre des Députés eurent annoncé leurs sinistres projets, ils se consolidèrent au discours du trône dont chacun admire encore la noble franchise et les sentimens tout paternels. Ces fonds prirent un accroissement de faveur, quand l'adresse de la haute Chambre annonça à la France le concours de MM. les Pairs avec les intentions si pures du monarque, décidé à faire le bonheur de son peuple malgré les obstacles.

Electeurs, vous avez vu l'état actuel de votre patrie, et vous avez pu apprécier la monarchie qui l'a rendue si florissante : vous avez vu aussi les divers gouvernemens que des ambitieux veulent substituer au gouvernement légitime : or je n'ai plus à vous parler que du choix d'un député.

Electeurs, le choix d'un député n'est point chose facile, surtout pour l'homme consciencieux qui ne veut ni servir les coteries, ni devenir le jouet de basses intrigues : il demande toute son attention. Je ne m'adresse point ici à ces hommes qui s'étonnent du mal qui les menace quand ils n'ont rien fait pour le prévenir : la crainte de se compromettre, ou l'indifférence sur les plus chers intérêts du pays les retenait chez eux quand il fallait en sortir et se montrer partout. Ces hommes-là ne savent pas que celui qui évite la foule, ou baisse le front quand il se trouve dans la compagnie de ses semblables, est bientôt méprisé; que la foule au contraire jette ses regards sur celui qui marche tête levée, et l'honore aussitôt qu'elle lui reconnaît des vertus.

Electeurs, un député doit offrir des garanties à la société qui réclame la tranquillité à tout prix. La Charte exige qu'il ait quarante ans; qu'il paye un cens déterminé; mais de même qu'elle exige tacitement qu'il n'ait été ni *régicide, ni forçat libéré*, elle veut qu'il soit homme d'honneur : autrement, ce qui n'est pas supposable, elle admettrait une représentation en contradiction avec la gloire et l'honneur du peuple français. Il faut que celui qui se présente à la candidature soit honnête homme, c'est à dire attaché à la royauté et au pays, compatissant avec les malheureux autant que sa fortune lui en fait une obligation, serviable avec tous, autant que son crédit le lui permet. Si vous trouvez ces qualités réunies dans les hommes de 1789 et de 1815, vous pouvez sans crainte les appeler à la Chambre des Députés : tant de vertus et tant de moralité vous sont des garanties suffisantes; si au contraire vous ne rencontrez que des qualités éparses; s'il y a même absence totale de ces qualités, il faut absolument abandonner ces hommes et chercher des députés ailleurs.

Un royaliste qui n'a jamais dévié de ses principes, qui honore Dieu et le Roi, qui aime sincèrement son pays, vaudra mieux certainement que cet adorateur de tous les pouvoirs, qui ramperait aujourd'hui comme par le passé, si la monarchie n'avait élevé un mur d'airain entre elle et lui. Il écrit bien, dira-t-on; il parle avec une grande facilité : je l'admets, en me réservant de proclamer que son inconstance annonce un ambitieux, toujours prêt à sacrifier les principes à la fumée enivrante et passagère des honneurs.

Un brave de l'empire qui à la première restauration s'est fait le serviteur du trône parce que là il a vu le bonheur de la nation vaut mieux certainement que cet autre qui, après avoir servi l'empire l'a sacrifié à sa fortune, l'a servi de nouveau et sacrifié encore.

Cet homme, ennemi des coteries, parce qu'elles amènent les incapables aux places, qui, avec du talent, de l'esprit et de la fortune, demeure sans ambition, vaut mieux certainement que cet autre qui, sans esprit, sans connaissances, est parvenu à se faire une coterie avec un peu de jactance et quelques somptueux dîners : celui-là veut une direction qui paie sa dépense passée, présente et future; il faut le mépriser.

Celui qui se dit : La Charte a été octroyée par le Roi pour fermer tout accès aux révolutions; je veux par conséquent lui obéir sans réserve, vaut mieux que ces avocats qui déclarent audacieusement que l'on peut impunément la violer.

Un riche négociant qui s'est occupé de ses affaires, de la bonne administration de sa maison, du paiement à l'échéance de ses lettres de change, qui a travaillé long-temps parce qu'il a dédaigné tout gain illicite, vaut mieux certainement que cet autre qui a fait une grosse fortune aux dépens de la bonne foi, qui a parfois négligé l'administration de sa maison pour entrer dans le champ épineux de la politique.

Un administrateur distingué par ses manières toutes françaises, par sa politesse envers tout le monde, par une justice distributive qui lui a concilié l'amour de ses administrés vaut mieux certainement que cet autre qui ne s'est fait encore remarquer que par de l'impolitesse et de la dureté.

Un riche propriétaire qui sait se faire aimer des malheureux par ses largesses, des ouvriers par des travaux qu'il exécute chaque année dans leurs intérêts, qui rend des services à tous selon son crédit, qui voit, en un mot, un homme créé comme lui à l'image de Dieu là où d'autres ne voient que la dégradation de l'espèce humaine, vaut mieux certainement que ce riche propriétaire qui cumule des trésors sans en faire part à son semblable dans la misère, qui envahirait même le petit patrimoine du cultivateur, si la loi n'avait pas été faite pour protéger ce dernier. [1]

Électeurs, choisissez vos Députés : assez de comparaisons vous indiquent ce que vous avez à faire. Démasquez sans crainte les hommes que la faction cherche à imposer au pays ! dévoilez leurs turpitudes à la face de la nation entière, et opposez à ces hommes méprisables des noms qui commandent le respect !

Electeurs, sachez sacrifier vos estimes particulières à l'estime de vos collègues, plus généralement répandue, après avoir cherché toutefois à faire prévaloir vos choix, si vous aviez l'entière conviction qu'ils réunissent les qualités essentielles dont je vous ai parlé, et qu'ils doivent faire triompher un jour les vrais intérêts du pays du honteux égoïsme des factions. Montrez-vous partout ; car ainsi vous serez à même d'apprécier les observations et de les détruire avec modération et franchise, si elles vous semblaient mal fondées ; et n'allez

1 Je n'établis point de distinction entre les propriétés patrimoniales et celles dites *nationales ;* l'article IX de la Charte a déclaré ces dernières inviolables comme les premières ; et la loi de l'indemnité que l'on doit à M. de Villèle a fait cesser toute inquiétude à cet égard, en supposant qu'elles ne fussent pas entièrement détruites pour tout le monde.

pas surtout vous diviser à l'instant du combat, car tout en voulant travailler pour la monarchie et la patrie désormais indivisibles, vous auriez contribué au renversement de l'ordre social en assurant la victoire à vos adversaires. Mais vous n'aurez point fait d'inutiles efforts, et le peuple heureux du présent et content de son avenir vous bénira au cri trente millions de fois répété de *Vive le Roi!*

FIN.

www.ingramcontent.com/pod-product-compliance
Lightning Source LLC
LaVergne TN
LVHW010310230826
846091LV00007BB/2804

* 9 7 8 2 0 1 3 2 6 0 8 6 2 *